Kësulëkuqja ishte duke luajtur në oborr pas asaj
përvoje të tmerrshme me atë ujk të poshtër.
"Kësulëkuqe," i thirri mami, "kam bërë biskota, hajde
të marrësh një. Po sikur t'i çoje disa dhe babit?"
Kësulëkuqja ishte akoma pak e frikësuar nga ideja se
duhej të hynte në pyll përsëri. Por mami kishte nevojë
për ndihmën e saj, dhe babit i pëlqenin shumë
biskotat. Kështu që ajo pranoi të shkonte.

Red Riding Hood was playing in the garden after her terrible ordeal
with that nasty wolf.
"Red Riding Hood," called her Mum, "I've made cookies, come and get one.
Why not take some to Dad?"
Now Red Riding Hood still felt a bit nervous about going into the wood. But
Mum needed her help, and Dad loved his cookies. So, she agreed to go.

Her Mum counted ten freshly made cookies into a basket. 2, 4, 6, 8, 10.
Red Riding Hood gave her Mum a big hug and off she went.

Po Pse Përsëri Kësulëkuqe!

Not Again, Red Riding Hood!

Kate Clynes & Louise Daykin

Albanian translation by Viola Baynes

Mami numëroi dhejë biskota të sapopjekura
dhe i futi në shportë.
2, 4, 6, 8, 10.
Kësulëkuqja e përqafoi mamin duke e
shtrënguar fort dhe iku.

Ajo kishte ecur vetëm pak kur dëgjoi një zë të vogël: "Kësulëkuqe, Kësulëkuqe, ke gjë për të ngrënë? Kam shumë kohë që jam mbyllur në këtë kullë dhe po vdes urie."
"Ule shportën tënde tek unë," tha Kësulëkuqja, "kam një biskotë të shijshme dhe të sapopjekur për ty."

She hadn't gone far when she heard a small voice: "Red Riding Hood, Red Riding Hood, have you any food? I've been stuck up in this tower for ages and I'm starving."
"Send down your basket," said Red Riding Hood. "I have a delicious, freshly made cookie for you."

"Mmm, është ajo që më pëlqen më shumë," iu përgjigj Rapunzeli. "Më bëhet qejfi që të shoh këtej përsëri, dhe kaq shpejt pas asaj sprovës tënde të tmerrshme me atë ujk të poshtër."

"Yummy, my favourite," replied Rapunzel. "It's good to see you out again, so soon after your terrible ordeal with that nasty wolf."

Kësulëkuqja u nis përsëri për t'i çuar babit
biskotat e sapopjekura.
Ajo pa në shportë.
10 biskotat ishin bërë 9!

Red Riding Hood set off again to deliver the
freshly made cookies to her Dad.
She looked into her basket.
10 had become 9!

Pas pak ajo erdhi tek shtëpia e Z. dhe Znj. Ari. Ata ishin ulur rreth tavolinës së oborrit të tyre dhe Ariu i vogël po vështronte tre tasat që ishin bosh. "Kësulëkuqe, Kësulëkuqe, ke gjë për të ngrënë? Ne po vdesim urie. Dikush na e ka ngrënë të gjithë tërhananë!"

After a while she arrived at Mr and Mrs Bear's house. They were sitting around their garden table with Baby Bear staring into three very empty bowls. "Red Riding Hood, Red Riding Hood, have you any food? We're starving. Someone's eaten all our porridge!"

Kësulëkuqja ishte një vajzë e vogël zemërmirë, dhe ajo vuri nga një biskotë të sapopjekur në secilin prej tasave të tyre.

Now Red Riding Hood was a kind little girl and she popped one freshly made cookie into each of their bowls.

"Uuuu, faleminderit," i thanë arinjtë. "Na bëhet qejfi që të shohim këtej përsëri, dhe kaq shpejt pas sprovës tënde të tmerrshme me atë ujk të poshtër."

"Oooooh, thank you," said the bears. "It's good to see you out again, so soon after your terrible ordeal with that nasty wolf."

Kësulëkuqja vazhdoi rrugën e saj.
Ajo pa në shportë. 9 ishin bërë 6!
Pas pak ajo erdhi tek shtëpia e gjyshes.
"Duhet të shoh se si është gjyshja pas asaj përvoje të
tmerrshme me atë ujk të poshtër," mendoi Kësulëkuqja.

Red Riding Hood marched on.
She looked into her basket. 9 had become 6!
She hadn't gone far when she reached Grandma's house.
"I must see how Grandma is after her terrible ordeal with
that nasty wolf," thought Red Riding Hood.

Gjyshja ishte në krevat.
"O Gjyshe, O Gjyshe, ti dukesh
sikur të ka marrë shumë uria,"
i tha Kësulëkuqja.

Grandma was in bed.
"Grandma, Grandma, you look starving," said
Red Riding Hood.

"Ti duhet të hash një nga biskotat që ka bërë mami. Unë po i çoj Babit disa prej tyre, dhe atij nuk i ngelet qejfi po të hash ti një nga ato."
"Faleminderit, e dashur," i tha gjyshja. "Ti je vajzë e kujdesshme. Tani ik shpejt dhe mos e lër babin të presë."

"You must have one of Mum's home made cookies. I'm taking some to Dad, and he won't mind you having one."
"Thank you dear," said Grandma. "You are a thoughtful girl. Now run along and don't keep your father waiting."

Kësulëkuqja e puthi gjyshen në faqe dhe iku
me vrap për të gjetur babin.
Ajo pa në shportë. 6 ishin bërë 5!

Red Riding Hood gave Grandma a kiss on the cheek
and rushed off to find her Dad.
She looked into her basket. 6 had become 5!

Pas pak ajo arriti afër lumit. Tre cjep shumë të dobët ishin shtrirë mbi bar të thatë.

"Kësulëkuqe, Kësulëkuqe, ke gjë për të ngrënë? Ne po vdesim urie."

After a while she reached the river. Three very scrawny billy goats were lying on a patch of rather brown grass.

"Red Riding Hood, Red Riding Hood, have you any food? We're starving."

"Ne nuk e kalojmë dot urën për të ngrënë barin e gjelbër dhe të njomë," i thanë. "Atje është një xhuxh i keq dhe i uritur që pret të na hajë."

"We can't cross the bridge to eat the lush green grass," they said. "There's a mean and hungry troll waiting to eat us."

"Të shkretët ju, na provoni disa biskota të sapopjekura, janë shumë të shijshme. 1, 2, 3."

"You poor things, try some home made cookies, they're delicious. 1, 2, 3."

"Ti je shumë e mirë," i thanë cjeptë. "Na bëhet shumë qejfi që të shohim këtej përsëri, dhe kaq shpejt pas sprovës tënde të tmerrshme me atë ujk të poshtër."

"You're very kind," said the billy goats.
"Nice to see you out again, so soon after
your terrible ordeal with that nasty wolf."

Kësulëkuqja vazhdoi me vrap.
Ajo pa në shportë. 5 ishin bërë 2!
"Epo, të paktën këtu s'ka ujqër të poshtër," mendoi Kësulëkuqja.
Pikërisht atëherë…

Red Riding Hood ran on. She looked into her basket. 5 had become 2!
"Well at least there aren't any nasty wolves around here," thought Red Riding Hood. Just then…

…një ujk u hodh përpara saj.
"Pa shiko, pa shiko, pa shiko!" tha ujku. "Na qenka Kësulëkuqja përsëri, dhe kaq shpejt pas asaj sprovës tënde të tmerrshme me vëllain tim. Tani që të shoh më vjen të ha diçka."
"Ti nuk mund të hash asnjë nga biskotat e mia," ulëriti Kësulëkuqja.

…a wolf jumped out in front of her.
"Well, well, well!" said the wolf. "If it isn't Red Riding Hood out again, so soon after your terrible ordeal with my brother. Seeing you makes me feel rather peckish."
"You can't have any of my cookies," squeaked Red Riding Hood.

"Nuk po mendoja për biskotat," hungëriu ujku ndërsa u hodh drejt saj.

"I wasn't thinking about cookies,"
growled the wolf as he leapt towards her.

Pasi dëgjoi ulërimën, babi i saj doli me sëpatën e tij në dorë.

Hearing a scream, her Dad appeared wielding his axe.

"Ik me vrap, Kësulëkuqe! Ik!" i thirri ai ndërsa po largonte ujkun duke e ndjekur.
"Po pse përsëri moj Kësulëkuqe," mendoi Babi.

"Run, Red Riding Hood! Run!" he bellowed as he chased the wolf away.
"Not again, Red Riding Hood," thought Dad.

Ata ishin që të dy të uritur pas asaj sprove të tmerrshme.
Ajo futi dorën në shportë.
"Një për ty dhe një për mua," tha Kësulëkuqja.

They were both hungry after their terrible ordeal.
She reached into her basket.
"One for you and one for me," said Red Riding Hood.

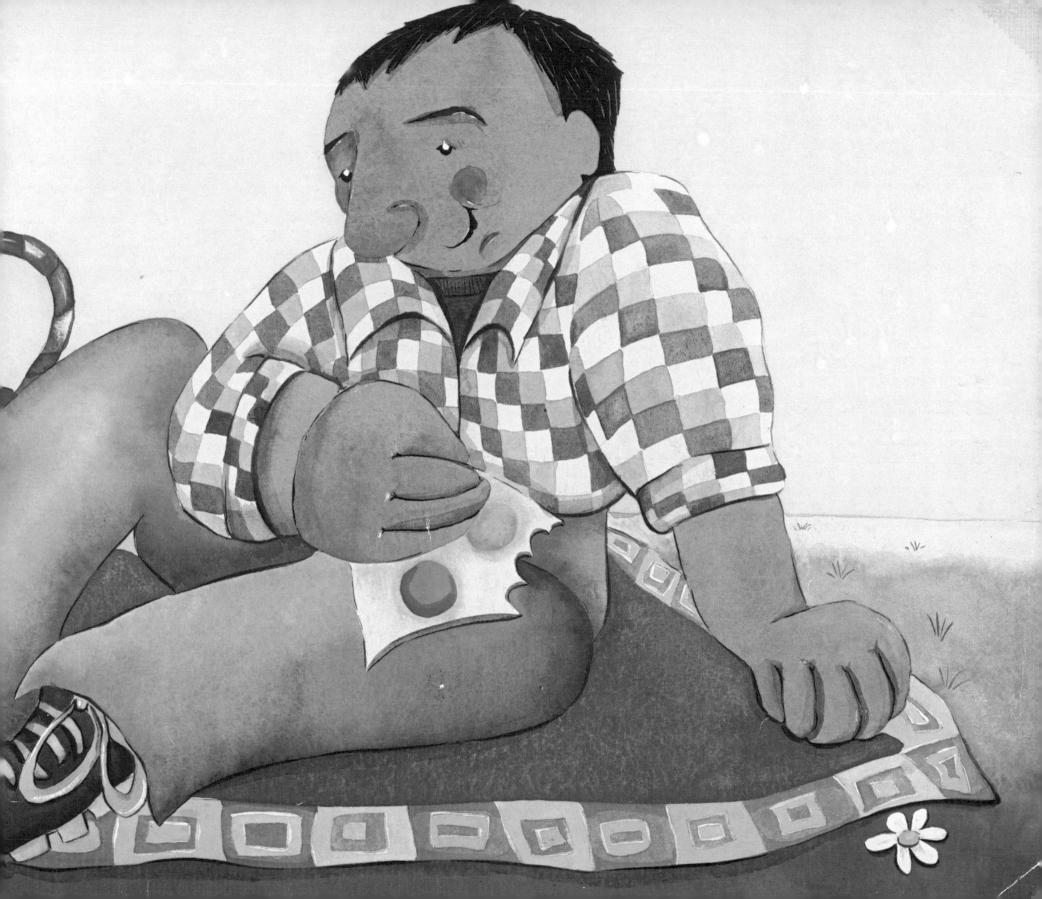

Dhe pastaj, nuk kishte më asnjë.

And then there were none.